Bua na Cainte 4

Leabhar Litrithe

Seán de Brún • Martina Ní Fhátharta

An Comhlacht Oideachais

An Comhlacht Oideachais

Bóthar Bhaile an Aird

Baile Uailcín

Baile Átha Cliath 12

www.edco.ie

Ball den Smurfit Kappa ctp

ISBN 978-1-84536-837-1

© Seán de Brún, Martina Ní Fhátharta 2019

Gach ceart ar cosaint. Ní ceadmhach aon chuid den fhoilseachán seo a atáirgeadh, a stóráil i gcóras aisghabhála ná a tharchur ar aon mhodh nó slí, bíodh sin leictreonach, meicniúil, bunaithe ar fhótachóipeáil, ar thaifeadadh nó eile gan cead a fháil roimh ré ón bhfoilsitheoir nó ceadúnas a cheadaíonn cóipeáil shrianta in Éirinn arna eisiúint ag Gníomhaireacht um Cheadúnú Cóipchirt na hÉireann, 63 Sráid Phádraig, Dún Laoghaire, Baile Átha Cliath, A96 WF25.

Clúdach: Design Image (www.designimage.ie)

Dearadh agus clóchur: Design Image

Eagarthóir: Aoife Barrett (www.barrettediting.ie)

Obair ealaíne: Kim Shaw Illustrations (www.kimshaw.ie)

Clár

Réamhrá iv

Mé Féin 1

An Aimsir – An Fómhar 7

An Scoil 9

Ócáidí Speisialta – Oíche Shamhna 15

Bia 17

An Aimsir – An Geimhreadh 23

Ócáidí Speisialta – An Nollaig 25

An Aimsir 28

Caitheamh Aimsire 30

An Aimsir – An tEarrach 36

Éadaí 38

Sa Bhaile 42

An Teilifís 48

Siopadóireacht 52

Ócáidí Speisialta – Lá 'le Pádraig 56

Ócáidí Speisialta – An Cháisc 57

An Aimsir – An Samhradh 58

Dul Siar 60

Réamhrá

Is cuid den chlár teicneolaíochta Gaeilge *Bua na Cainte 4* an leabhar litrithe seo. Cabhraíonn an leabhar litrithe leis an bpáiste torthaí foghlama Churaclam Teanga na Bunscoile a bhaint amach: Litriú, Struchtúr abairte agus gramadach, Feasacht fhóineolaíoch agus fhóinéimeach, Fónaic agus aithint focal.

Tá an clár litrithe comhtháite leis na ceachtanna teanga ó bhéal, léitheoireachta agus scríbhneoireachta. Múintear na scileanna litrithe le cabhair na teicneolaíochta ar scoil. Úsáidtear an straitéis seo a leanas chun litriú a fhoghlaim: Féach, Abair, Clúdaigh, Scríobh agus Cinntigh.

- Léirítear an focal don pháiste. Bíonn go leor deiseanna ag an bpáiste féachaint ar an bhfocal agus an focal a rá. Má theastaíonn ón bpáiste an focal a chloisteáil arís tig leis/léi gliogáil ar an micreafón.
- Tig leis an bpáiste an focal a chlúdach má ghliogáiltear ar an gcarr. 
- Tig leis an bpáiste an focal a scríobh má ghliogáiltear ar an bpeann. 
- Tig leis an bpáiste an focal a chinntiú má ghliogáiltear ar an gcomhartha ceiste. 
- Tig leis an múinteoir aischothú dearfach a thabhairt don pháiste má ghliogáiltear ar an réalta. 

Tacaíonn an leabhar litrithe leis an gclár teicneolaíochta. Úsáidtear an straitéis chéanna chun litriú a fhoghlaim:

- Féach agus Abair
- Clúdaigh agus Scríobh
- Cinntigh

Tugtar deiseanna do na páistí na focail a léamh i gcomhthéacs.

Niamh agus Róisín is ainm do na **cailíní**.
Liam agus Oisín is ainm do na **buachaillí**. 
Ciara agus Oisín is ainm do na **páistí**. 
Ruairí agus Ciara is ainm **dóibh**. 

Ansin, tugtar deiseanna do na páistí féachaint ar na focail agus na focail a rá.

Féach agus Abair
Niamh agus Róisín is ainm do na cailíní.
Liam agus Oisín is ainm do na buachaillí.
Ciara agus Oisín is ainm do na páistí.
Ruairí agus Ciara is ainm dóibh.

Ina dhiaidh sin, clúdaíonn na páistí na focail agus scríobhann siad na focail.

Clúdaigh agus Scríobh
Niamh agus Róisín is ainm do na _____.
Liam agus Oisín is ainm do na _____.
Ciara agus Oisín is ainm do na _____.
Ruairí agus Ciara is ainm _____.

Ar deireadh, cinntíonn na páistí go bhfuil na focail a scríobh siad i gceart.

Cinntigh ✓

Go mbaine na páistí taitneamh agus tairbhe as an gclár litrithe *Bua na Cainte 4*.

Mé Féin

Aonad 1 Ceacht 1

Róisín agus Niamh is ainm do na cailíní.

Liam agus Ruairí is ainm do na buachaillí.

Ciara agus Oisín is ainm do na páistí.

Ruairí agus Ciara is ainm dóibh.

Féach agus Abair	Clúdaigh agus Scríobh	Cinntigh ✓
Niamh agus Róisín is ainm do na cailíní.	Niamh agus Róisín is ainm do na _ _ _ _ _ _ _.	
Liam agus Oisín is ainm do na buachaillí.	Liam agus Oisín is ainm do na _ _ _ _ _ _ _ _ _ _.	
Ciara agus Oisín is ainm do na páistí.	Ciara agus Oisín is ainm do na _ _ _ _ _ _.	
Ruairí agus Ciara is ainm dóibh.	Ruairí agus Ciara is ainm _ _ _ _ _.	

Aonad 1 Ceacht 2

Sin é Liam.

Sin í Niamh.

Sin iad na cailíní.

Sin iad na buachaillí.

Féach agus Abair	Clúdaigh agus Scríobh	Cinntigh ✓
Sin é Liam.		
Sin í Niamh.		
Sin iad na cailíní.		
Sin iad na buachaillí.		

Mé Féin

Aonad 1 Ceacht 3

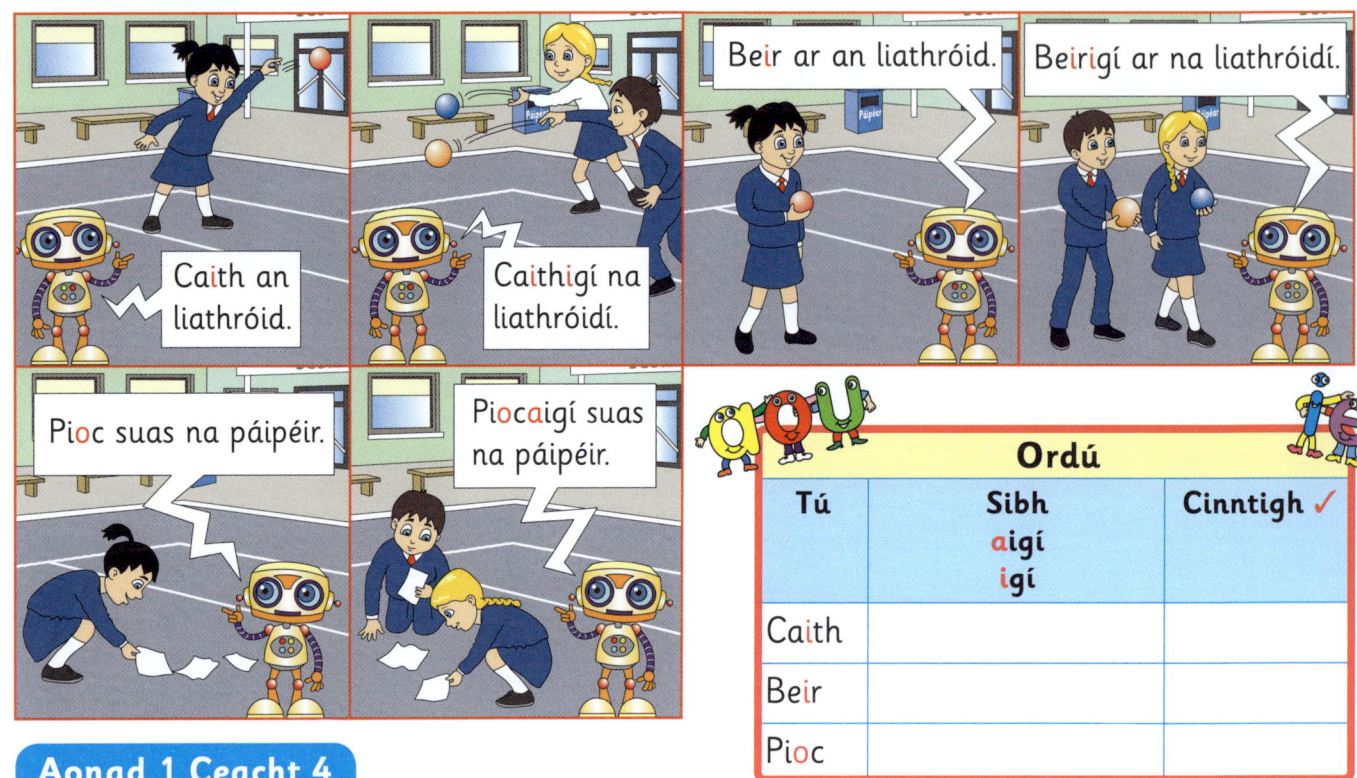

Caith an liathróid.
Caithigí na liathróidí.
Beir ar an liathróid.
Beirigí ar na liathróidí.
Pioc suas na páipéir.
Piocaigí suas na páipéir.

Ordú

Tú	Sibh aigí igí	Cinntigh ✓
Caith		
Beir		
Pioc		

Aonad 1 Ceacht 4

Ar thaitin do laethanta saoire leat?
Thaitin mo laethanta saoire liom.

Ar thaitin do laethanta saoire leat?
Níor thaitin mo laethanta saoire liom.

Gaillimh
Éire

Tú Féin
Ar thaitin do laethanta saoire leat?

?	✓	✗
Ar thaitin?	_____	_____

Aonad 2 Ceacht 1

cnag    cnó    cnónna

cnoc    cnámh 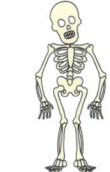   cnámharlach

Féach agus Abair	Clúdaigh agus Scríobh	Cinntigh ✓
cnag		
cnó		
cnónna		

Féach agus Abair	Clúdaigh agus Scríobh	Cinntigh ✓
cnoc		
cnámh		
cnámharlach		

Bí ag Scríobh

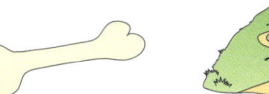

_ _ _ _ _   _ _ _ _   _ _ _   _ _ _ _   _ _ _ _ _ _ _ _ _ _   _ _ _ _

Aonad 2 Ceacht 2

Tá mo chuid gruaige fada agus dubh.

Tá mo chuid gruaige donn agus díreach.

Tá mo chuid gruaige fionn agus catach.

Féach agus Abair	Clúdaigh agus Scríobh	Cinntigh ✓
mo chuid gruaige		
díreach		
catach		

Tú Féin

Déan cur síos ar do chuid gruaige.

Tá ___ chuid gruaige _____.

Mé Féin

Aonad 2 Ceacht 3

sinn	sibh	siad
Ruairí agus Róisín is ainm dúinn.	Niamh agus Oisín is ainm daoibh.	Liam agus Ciara is ainm dóibh.

Féach agus Abair	Clúdaigh agus Scríobh	Cinntigh ✓
dúinn		
daoibh		
dóibh		

Líon na Bearnaí

1 sinn: Ruairí agus Róisín is ainm _____.

2 sibh: Niamh agus Oisín is ainm _____.

3 siad: Liam agus Ciara is ainm _____.

Aonad 2 Ceacht 4

1 An itheann a lán daoine rís in India?
Itheann a lán daoine rís in India.

2 An itheann a lán daoine feoil in India?
Ní itheann a lán daoine feoil in India.

?	✓	✗
An itheann siad?	_____ siad	___ _____ siad

Mé Féin

Aonad 3 Ceacht 1

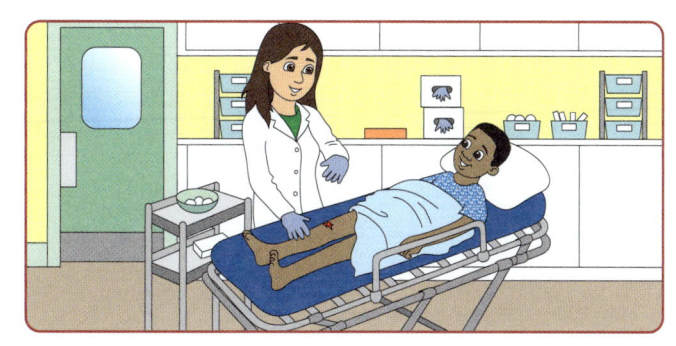

Ar scrúdaigh an dochtúir Liam?
Scrúdaigh an dochtúir Liam.

Ar scrúdaigh an dochtúir Oisín?
Níor scrúdaigh an dochtúir Oisín.

Freagair na Ceisteanna

1 Ar scrúdaigh an dochtúir Liam?
   _____ an dochtúir Liam.

2 Ar scrúdaigh an dochtúir Oisín?
   ____ _____ an dochtúir Oisín.

Ar?	✓	✗
Ar scrúdaigh?	_____	____ _____

Aonad 3 Ceacht 2

Spraoi le Briathra

Inné h	Gach Lá ann eann	Amárach faidh fidh
Bhuail	Buaileann	Buailfidh
Leag	Leagann	Leagfaidh
Thit	Titeann	Titfidh
Chuir	Cuireann	Cuirfidh

Inné h	Gach Lá ann eann	Amárach faidh fidh
Bhuail	_____	_____
Leag	_____	_____
Thit	_____	_____
Chuir	_____	_____

Mé Féin

Aonad 3 Ceacht 3

éan 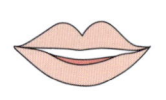   béal    féar    scéal    ag léamh    ospidéal

Féach agus Abair	Clúdaigh agus Scríobh	Cinntigh ✓
éan		
béal		
féar		
scéal		
ag léamh		
ospidéal		

Bí ag Scríobh

1 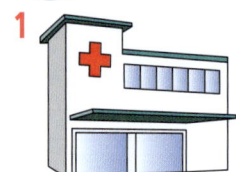
2 
3 
4 
5 
6

Aonad 3 Ceacht 4

Bhris sé    Bhain sé    Bhuail sé    Bhailigh sé

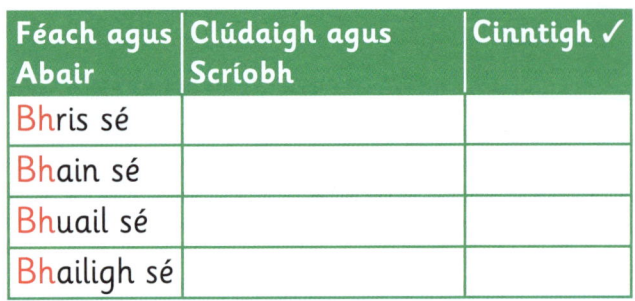

Féach agus Abair	Clúdaigh agus Scríobh	Cinntigh ✓
Bhris sé		
Bhain sé		
Bhuail sé		
Bhailigh sé		

Bí ag Scríobh

1 _____ sé
2 _____ sé
3 _____ sé
4 _____ sé

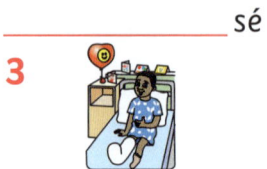

An Fómhar

Ceacht 1

1. _____ an t-iora rua cnónna inné.
2. _____ an t-iora rua cnónna gach lá.
3. _____ an t-iora rua cnónna amárach.

Freagair na Ceisteanna

1. Ar sciob an t-iora rua na cnónna?
   _____ an t-iora rua na cnónna.

2. Ar sciob an ghráinneog na cnónna?
   ____ _____ an ghráinneog na cnónna.

Inné	Gach Lá	Amárach
Sciob	Sciobann	Sciobfaidh

Inné		
Ar?	✓	Níor
Ar sciob	Sciob	Níor sciob

Ceacht 2

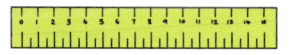

Tá an rialóir fada.
Tá an líne gearr.

Tá an bríste gorm níos faide ná an bríste dearg.
Tá an bríste dearg níos giorra ná an bríste gorm.

Féach agus Abair	Clúdaigh agus Scríobh	Cinntigh ✓
gearr		
fada		
níos faide		
níos giorra		

1. Tá an bríste gorm níos _____ ná an bríste dearg.
2. Tá an bríste dearg níos _____ ná an bríste gorm.

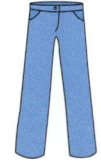

An Fómhar

Ceacht 3

1 D'fhan sé ar scoil inné.
   _____ sé ar scoil gach lá.
   _____ sé ar scoil amárach.

2 D'fhág sé an teach inné.
   _____ sé an teach gach lá.
   _____ sé an teach amárach.

3 D'fhéach sé ar an gclár bán inné.
   _____ sé ar an gclár bán gach lá.
   _____ sé ar an gclár bán amárach.

Inné D'fh	Gach Lá ann eann	Amárach faidh fidh
D'fhan sé	Fanann sé	Fanfaidh
D'fhág sé	Fágann sé	Fágfaidh sé
D'fhéach sé	Féachann sé	Féachfaidh sé

Ceacht 4

fáinleog 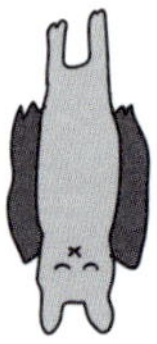   sciathán leathair    gráinneog    damhán alla

Féach agus Abair	Clúdaigh agus Scríobh	Cinntigh ✓
fáinleog		
sciathán leathair		
gráinneog		
damhán alla		

Scríobh na Focail

1   2   3   4

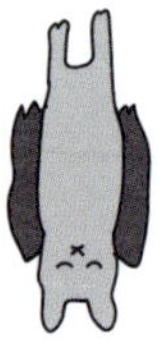

_____   _____   _____   _____

An Scoil

Aonad 1 Ceacht 1

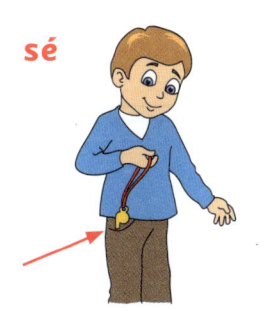

| mé | tú | sé | sí |

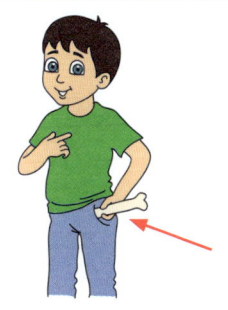

mo phóca   do phóca   a phóca   a póca

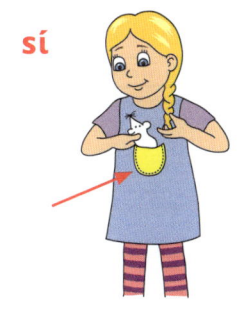

Féach agus Abair	Clúdaigh agus Scríobh	Cinntigh ✓
mo phóca		
do phóca		
a phóca		
a póca		

Róisín: _a_ _póca_
Ruairí: _a_ _phóca_
Niamh: ___ ___
Oisín: ___ ___
Liam: ___ ___

Aonad 1 Ceacht 2

| sinn | sibh | siad |

Tá leabhair againn.   Tá cóipleabhair agaibh.   Tá málaí scoile acu.

Féach agus Abair	Clúdaigh agus Scríobh	Cinntigh ✓
againn		
agaibh		
acu		

1. sinn: Tá criáin _____.
2. na páistí: Tá leabhair _____.
3. na cailíní: Tá rialóirí _____.
4. na buachaillí: Tá marcóirí _____.
5. sibh: Tá málaí scoile _____.

sinn: againn
sibh: agaibh
siad: acu

An Scoil

Aonad 1 Ceacht 3

Bí ag Léamh

an bioróir	na bioróirí
an rialóir	na rialóirí
an marcóir	na marcóirí
an ceoltóir	na ceoltóirí
an siopadóir	na siopadóirí

Bí ag Scríobh

1 _____	2 _____
3 _____	4 _____
5 _____	6 _____
7 _____	8 _____
9 _____	10 _____

Aonad 1 Ceacht 4

D'fhág sé a pheann sa bhaile.

1. Ar fhág sé a pheann sa bhaile?
   _____ sé a pheann sa bhaile.
2. ___ _____ sé a rialóir sa bhaile?
   Níor fhág sé a rialóir sa bhaile.
3. Ar fhág sé a chóipleabhar sa bhaile?
   _____ _____ sé a chóipleabhar sa bhaile.

Spraoi le Briathra

?	✓	✗
Ar fhág sé?	D'fhág sé	Níor fhág sé

?	✓	✗
Ar fhan sé?	D'fhan sé	Níor fhan sé
Ar fhéach sé?	D'fhéach sé	Níor fhéach sé

?	✓	✗
Ar fhan sé?		
Ar fhéach sé?		

Aonad 2 Ceacht 1

| Bailigh | Dúisigh | Tosaigh | Críochnaigh | Gortaigh |

Spraoi le Briathra

Ordú
igh
aigh

Bail____
Dúis____
Tos____
Críochn____
Gort____

Féach agus Abair	Clúdaigh agus Litrigh	Cinntigh ✓
Bailigh		
Dúisigh		
Tosaigh		
Críochnaigh		
Gortaigh		

Aonad 2 Ceacht 2

Ordú	Inné h
Dúisigh	Dhúisigh sí
Bailigh	Bhailigh sí
Tosaigh	Thosaigh sí
Críochnaigh	Chríochnaigh sí
Gortaigh	Ghortaigh sí
Triomaigh	Thriomaigh sí
Dathaigh	Dhathaigh sí

Ordú	Inné h
Dúisigh	____
Bailigh	____
Tosaigh	____
Críochnaigh	____
Gortaigh	____
Triomaigh	____
Dathaigh	____

An Scoil

Aonad 2 Ceacht 3

Spraoi le Briathra

| Inné | Gach Lá |
| h | íonn |
	aíonn
Dhúisigh sé	Dúisíonn sé
Bhailigh sé	Bailíonn sé
Thosaigh sé	Tosaíonn sé
Chríochnaigh sé	Críochnaíonn sé
Ghortaigh sé	Gortaíonn sé
Scrúdaigh sé	Scrúdaíonn sé
Dhathaigh sé	Dathaíonn sé
Thriomaigh sé	Triomaíonn sé

| Inné | Gach Lá |
| h | íonn |
	aíonn
Dhúisigh sé	_____ sé
Bhailigh sé	_____ sé
Thosaigh sé	_____ sé
Chríochnaigh sé	_____ sé
Ghortaigh sé	_____ sé
Scrúdaigh sé	_____ sé
Dhathaigh sé	_____ sé
Thriomaigh sé	_____ sé

Aonad 2 Ceacht 4

Cén t-ábhar is fearr leat?
Is fearr liom Gaeilge.

Is fearr leis Ceol.

Is fearr léi Matamaitic.

$11 \times 12 = 132$

Féach agus Abair	Clúdaigh agus Litrigh	Cinntigh ✓
Is fearr liom Gaeilge.		
Is fearr leis Ceol.		
Is fearr léi Matamaitic.		

Tú Féin

Cén t-ábhar is fearr leat?

_____

Aonad 3 Ceacht 1

eolaí 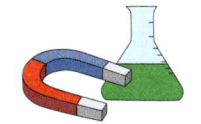   eolaíocht    tíreolaíocht    ealaín    claí    moncaí

✏️ Scríobh na Focail

1.   2.   3.   4.   5.   6.

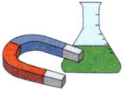

Féach agus Abair	Clúdaigh agus Scríobh	Cinntigh ✓
eolaí		
eolaíocht		
tíreolaíocht		
ealaín		
claí		
moncaí		

Aonad 3 Ceacht 2

Cuir na focail seo sa bhosca ceart

bó   do   dó   mo   tóg   cófra   sos   cos   rialóir   tósta   lón   gorm   clog   dom

Guta Gearr o	Guta Fada ó

Féach agus Abair	Clúdaigh agus Scríobh	✓
cófra		
rialóir		
tósta		
clog		
gorm		

An Scoil

Aonad 3 Ceacht 3

 Tá gliú ar an mbord.	 Tá cathaoir taobh thiar den bhord.	 Tá póstaer os cionn an bhoird.
 Tá leabhar faoin mbord.	 Tá mála scoile os comhair an bhoird.	 Tá an múinteoir in aice leis an mbord.

Féach agus Abair	Clúdaigh agus Scríobh	Cinntigh ✓
ar		
taobh thiar		
os cionn		
faoin		
os comhair		
in aice leis		

Scríobh na hAbairtí

1 Tá leabhar _____ mbord.
2 Tá cathaoir _____ _____ den bhord.
3 Tá mála scoile ___ _____ an bhoird.
4 Tá an múinteoir __ ____ ____ an mbord.

Aonad 3 Ceacht 4

éan 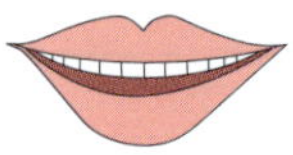   béal    téad   céad   scéal   cúig déag   réalta 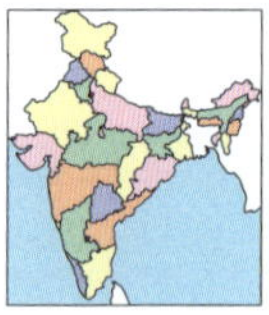   léarscáil

Bí ag Scríobh

1   2   3   4   100

_____   _____   _____   _____

5   6   7 15   8

_____   _____   _____   _____

Oíche Shamhna

Ceacht 1

Ar inis an múinteoir scéal do na páistí?
D'inis an múinteoir scéal do na páistí.

Ar inis Mamaí scéal do na páistí?
Níor inis Mamaí scéal do na páistí.

Ar imigh an chailleach?
D'imigh an chailleach.

Ar imigh an t-ulchabhán?
Níor imigh an t-ulchabhán.

Spraoi le Briathra

Inné		
Ar?	✓	**Níor**
Ar inis?		
Ar imigh?		

Scríobh na hAbairtí

1 Ar inis an múinteoir scéal do na páistí?
   _____ an múinteoir scéal do na páistí.

2 Ar imigh an t-ulchabhán?
   _____ _____ an t-ulchabhán.

Ceacht 2

teach    isteach     beach    sceach    coileach    cailleach

Féach agus Abair	Clúdaigh agus Scríobh	Cinntigh ✓
teach		
isteach		
beach		
sceach		
coileach		
cailleach		

Bí ag Scríobh

1 _____   2 _____

3 _____   4 _____

5 _____   6 _____

Oíche Shamhna

Ceacht 3

Spraoi le Briathra

Grúpa a hAon

Inné h	Gach Lá eann ann	Amárach fidh faidh
Chroch sí	Crochann sí	Crochfaidh sí
Ghearr sí	Gearrann sí	Gearrfaidh sí
Las sí	Lasann sí	Lasfaidh sí

Grúpa a hAon

Inné h	Gach Lá ann eann	Amárach fidh faidh
Chroch	_____	_____
Ghearr	_____	_____
Las	_____	_____

Suimeanna Focal

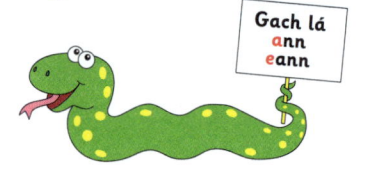

Gach lá ann eann

Amárach fidh faidh

1 Croch + _____ = _____
2 Croch + _____ = _____
3 Gearr + _____ = _____
4 Gearr + _____ = _____
5 Las + _____ = _____
6 Las + _____ = _____

Ceacht 4

Spraoi le Briathra

Grúpa a Dó

Inné D'	Gach Lá íonn aíonn
D'éirigh sé	Éiríonn sé
D'imigh sé	Imíonn sé
D'imir sé	Imríonn sé
D'inis	Insíonn sé

Grúpa a Dó

Inné D'	Gach Lá íonn aíonn
D'éirigh sé	_____
D'imigh sé	_____
D'imir sé	_____
D'inis	_____

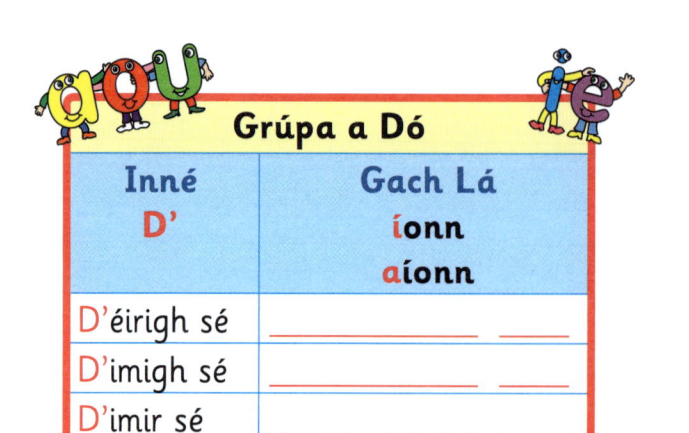

Bia

Aonad 1 Ceacht 1

Tá Oisín ag dul suas an staighre.

Tá Niamh thuas staighre.

Tá Ciara ag teacht anuas an staighre.

Féach agus Abair	Clúdaigh agus Scríobh	Cinntigh ✓
suas		
thuas		
anuas		

Scríobh na hAbairtí

1 Tá Oisín ag dul _____ an staighre.
2 Tá Niamh _____ staighre.
3 Tá Ciara ag teacht _____ an staighre.

Aonad 1 Ceacht 2

Spraoi le Briathra

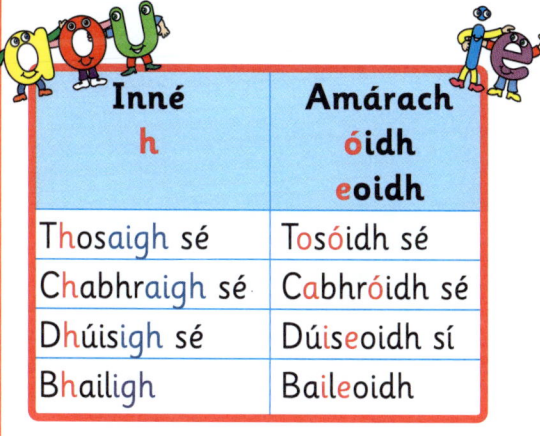

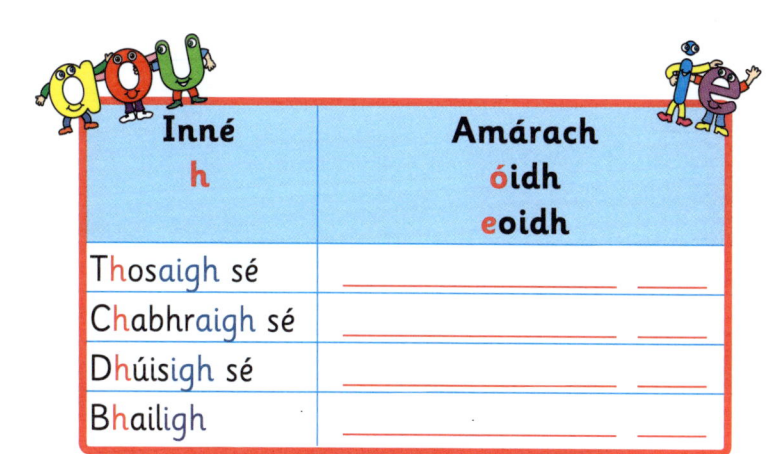

Inné h	Amárach óidh eoidh
Thosaigh sé	Tosóidh sé
Chabhraigh sé	Cabhróidh sé
Dhúisigh sé	Dúiseoidh sí
Bhailigh	Baileoidh

Inné h	Amárach óidh eoidh
Thosaigh sé	_____
Chabhraigh sé	_____
Dhúisigh sé	_____
Bhailigh	_____

Suimeanna Focal

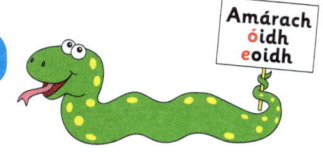

1 Cabhr + ____ = _____
2 Tos + ____ = _____
3 Dúis + ____ = _____
4 Bail + ____ = _____

Scríobh na hAbairtí

1 Dhúisigh Niamh go luath inné. 
_____ Niamh go luath amárach.

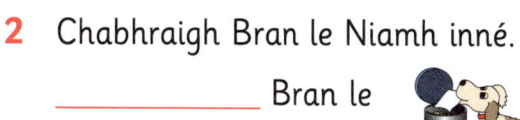

2 Chabhraigh Bran le Niamh inné. 
_____ Bran le Niamh amárach.

Bia

Aonad 1 Ceacht 3

Spraoi le Briathra

Grúpa a Dó

Inné D'	Amárach eoidh óidh
D'ullmhaigh sé	Ullmhóidh sé
D'éirigh sé	Éireoidh sé
D'imigh sé	Imeoidh sé
D'imir sé	Imreoidh sé
D'inis sé	Inseoidh sé

Grúpa a Dó

Inné D'	Amárach eoidh óidh
D'ullmhaigh sé	_____
D'éirigh sé	_____
D'imigh sé	_____
D'imir sé	_____
D'inis sé	_____

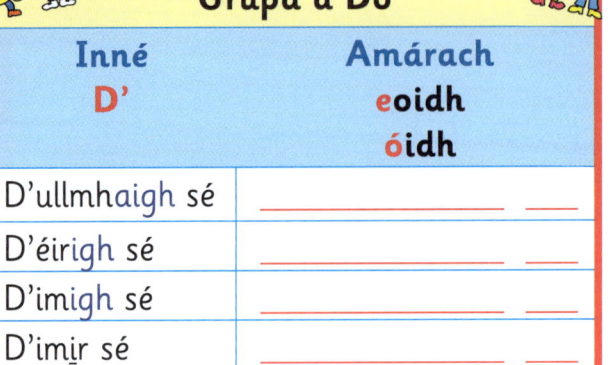

Suimeanna Focal

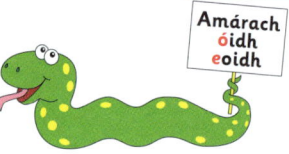

Amárach óidh eoidh

1 Ullmh + _____ = _____
2 Éir + _____ = _____
3 Im + _____ = _____
4 Imr + _____ = _____
5 Ins + _____ = _____

Aonad 1 Ceacht 4

doirteal   citeal   nead   leaba   fear   Tá eagla orm.

Féach agus Abair	Clúdaigh agus Scríobh	Cinntigh ✓
doirteal		
citeal		
nead		
leaba		
fear		
eagla		

Bí ag Scríobh

1 _____
2 _____
3 _____
4 _____
5 _____
6 _____

Bia

Aonad 2 Ceacht 1

| 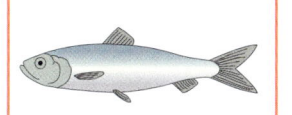 scadán | 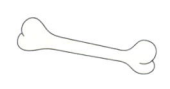 cnámh |  práta |  glasra |  ag casacht |

Cuir na focail seo sa bhosca ceart

Guta Gearr	Guta Fada
a	á

bán   Cad   cnámh
glasra   ag casacht   piorra
Fan   Fág   fada
Seán

Féach agus Abair	Clúdaigh agus Scríobh	Cinntigh ✓
scadán		
cnámh		
práta		
ag casacht		
glasra		

Aonad 2 Ceacht 2

sinn — Tá piorraí uainn.

sibh — Tá fíonchaora uaibh.

siad — Tá sméara dubha uathu.

Féach agus Abair	Clúdaigh agus Scríobh	Cinntigh ✓
uainn		
uaibh		
uathu		

Líon na Bearnaí

1 sinn: Tá piorraí _____.
2 sibh: Tá fíonchaora _____.
3 siad: Tá sméara dubha _____.

Bia

Aonad 2 Ceacht 3

 torthaí	 úll	 oráiste	 piorra	 sú talún	 fíonchaora

Féach agus Abair	Clúdaigh agus Scríobh	Cinntigh ✓
torthaí		
úll		
oráiste		
piorra		
sú talún		
fíonchaora		

Tóirfhocal – Faigh na Focail

o	r	t	p	á	ú	n	h	ú	í
r	t	á	i	f	s	ú	ó	l	f
á	ú	p	o	h	a	l	f	l	r
i	t	o	r	t	h	a	í	c	o
s	á	s	r	r	f	t	o	p	t
t	f	h	a	t	á	ú	n	ú	p
e	ó	l	ú	c	t	s	h	s	i
a	r	o	a	h	c	n	o	í	f

torthaí   piorra   úll
sú talún   oráiste   fíonchaora

Aonad 2 Ceacht 4

Tá an t-úll mór.
Tá an piorra níos mó ná an t-úll.

Tá an sú talún beag.
Tá an sú craobh níos lú ná an sú talún.

Féach agus Abair	Clúdaigh agus Scríobh	Cinntigh ✓
mór		
níos mó		
beag		
níos lú		

Bí ag Scríobh

Tá an t-oráiste mór.
Tá an piorra _____ _____ ná an t-oráiste.

Tá an sú talún beag.
Tá an fhíonchaor _____ _____ ná an sú talún.

Bia

Aonad 3 Ceacht 1

glasraí	cairéad	tornapa
cabáiste	leitís	oinniún

Féach agus Abair	Clúdaigh agus Scríobh	Cinntigh ✓
glasraí		
cairéad		
tornapa		
cabáiste		
leitís		
oinniún		

Tóirfhocal – Faigh na Focail

c	t	a	ú	o	c	t	g	ú	a
a	t	t	i	a	a	r	l	l	p
i	r	e	o	a	i	n	a	e	a
r	g	l	a	s	r	a	í	i	n
é	c	g	r	o	d	p	a	t	r
a	a	l	a	i	r	a	é	í	o
d	o	i	n	n	i	ú	n	s	t
a	ó	e	t	s	i	á	b	a	c

glasraí   cairéad   tornapa
cabáiste   leitís   oinniún

Aonad 3 Ceacht 2

Spraoi le Briathra

Inné h	Gach Lá íonn aíonn	Amárach óidh eoidh
Thosaigh sé	Tosaíonn sé	Tosóidh sé
Chabhraigh sé	Cabhraíonn sé	Cabhróidh sé
Dhúisigh sé	Dúisíonn sé	Dúiseoidh sé
Bhailigh sé	Bailíonn sé	Baileoidh sé

Inné h	Gach Lá íonn aíonn	Amárach óidh eoidh
Thosaigh	_____	_____
Chabhraigh	_____	_____
Dhúisigh	_____	_____
Bhailigh	_____	_____

Bia

Aonad 3 Ceacht 3

aon cheathrú    dhá cheathrú    leath    trí cheathrú    ceithre cheathrú

Féach agus Abair	Clúdaigh agus Scríobh	Cinntigh ✓
aon cheathrú		
dhá cheathrú		
leath		
trí cheathrú		
ceithre cheathrú		

Bí ag Scríobh

1. $^1/_4$ = _____
2. $^2/_4$ = _____
3. $^3/_4$ = _____
4. $^4/_4$ = _____
5. $^1/_2$ = _____

Aonad 3 Ceacht 4

báisteach   ag cur báistí   ag stealladh báistí   ag cur fearthainne

Féach agus Abair	Clúdaigh agus Scríobh	Cinntigh ✓
báisteach		
ag cur báistí		
ag stealladh báistí		
ag cur fearthainne		

Bí ag Scríobh

b _____   ag cur b _____

ag s _____ báistí   ag cur f _____

An Geimhreadh

Ceacht 1

sioc    ag cur seaca    ag cur sneachta    fear sneachta

Féach agus Abair	Clúdaigh agus Scríobh	✓
sioc		
ag cur seaca		
ag cur sneachta		
fear sneachta		

✏️ Bí ag Scríobh

1 _ _ _ _

2 ag cur _ _ _ _ _ _

3 fear _ _ _ _ _ _ _ _ _

4 ag c _ _ sn _ _ _ _ _ _ _

Ceacht 2

Chuir mé hata ar mo cheann.

Chuir tú hata ar do cheann.

Chuir sé hata ar a cheann.

Chuir sí hata ar a ceann.

Féach agus Abair	Clúdaigh agus Scríobh	Cinntigh ✓
Chuir mé hata ar mo cheann.	Chuir mé hata ar ___ _____.	
Chuir tú hata ar do cheann.	Chuir tú hata ar ___ _____.	
Chuir sé hata ar a cheann.	Chuir sé hata ar ___ _____.	
Chuir sí hata ar a ceann.	Chuir sí hata ar ___ _____.	

mé: mo cheann
tú: do cheann
sé: a cheann
sí: a ceann

An Geimhreadh

Ceacht 3

Spraoi le Briathra

Grúpa a Dó

Inné D'	Gach Lá íonn aíonn	Amárach eoidh óidh
D'éirigh sé	Éiríonn sé	Éireoidh sé
D'imigh sé	Imíonn sé	Imeoidh sé
D'imir sé	Imríonn sé	Imreoidh sé
D'inis sé	Insíonn sé	Inseoidh sé

Grúpa a Dó

Inné D'	Gach Lá íonn aíonn	Amárach eoidh óidh
D'éirigh	___	___
D'imigh	___	___
D'imir	___	___
D'inis	___	___

Ceacht 4

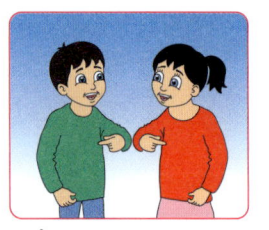

sinn — Tá gliondar croí orainn.

sibh — Tá gliondar croí oraibh.

siad — Tá gliondar croí orthu.

Féach agus Abair	Clúdaigh agus Scríobh	Cinntigh ✓
orainn		
oraibh		
orthu		

Scríobh na hAbairtí

1 siad: Tá gliondar croí _____.
2 sinn: Tá gliondar croí _____.
3 sibh: Tá gliondar croí _____.

An Nollaig

Ceacht 1

fear amháin  | beirt fhear  | triúr fear  | ceathrar fear  | cúigear fear

Féach agus Abair	Clúdaigh agus Scríobh	✓
fear amháin		
beirt fhear		
triúr fear		
ceathrar fear		
cúigear fear		

Bí ag Scríobh

1 _____

2 _____

Ceacht 2

seisear fear  | seachtar fear  | ochtar fear

naonúr fear  | deichniúr fear

Féach agus Abair	Clúdaigh agus Scríobh	✓
seisear fear		
seachtar fear		
ochtar fear		
naonúr fear		
deichniúr fear		

Bí ag Scríobh

1 _____

2 _____

An Nollaig

Ceacht 3

D'ith mé mo dhóthain.    D'ith tú do dhóthain.    D'ith sé a dhóthain.    D'ith sí a dóthain.

Féach agus Abair	Clúdaigh agus Scríobh	Cinntigh ✓
D'ith mé mo dhóthain.		
D'ith tú do dhóthain.		
D'ith sé a dhóthain.		
D'ith sí a dóthain.		

Ceacht 4

Spraoi le Briathra

Grúpa a Dó

Inné h	Gach Lá aíonn íonn	Amárach óidh eoidh
Chónaigh siad	Cónaíonn siad	Cónóidh siad
Chabhraigh sí	Cabhraíonn sí	Cabhróidh sí

Chónaigh siad

Grúpa a Dó

Inné h	Gach Lá aíonn íonn	Amárach óidh eoidh
Chónaigh	_____	_____
Chabhraigh	_____	_____

Chabhraigh sí

An Nollaig

Ceacht 5

Bhí sí tuirsea**ch**.   préa**ch**ta leis an bhfua**cht**   i lár na hoí**ch**e

Féach agus Abair	Clúdaigh agus Scríobh	✓
Bhí sí tuirsea**ch**.		
préa**ch**ta leis an bhfua**cht**		
i lár na hoí**ch**e		

Bí ag Scríobh

1. tuirsea _ _
2. préa _ _ ta
3. fua _ _ t
4. oí _ _ e

Ceacht 6

Nollaig shona duit.

Go mba hé duit.

Féach agus Abair	Clúdaigh agus Scríobh	✓
Nollaig shona duit.		
Go mba hé duit.		

Noll_ _ _
sh_ _ _
d_ _ _ !

An Aimsir

Ceacht 1

Beidh an lá ceomhar.	Beidh an lá grianmhar.	Beidh an lá scamallach.	Beidh an lá gaofar.

Féach agus Abair	Clúdaigh agus Scríobh	Cinntigh ✓
Beidh an lá ceomhar.		
Beidh an lá grianmhar.		
Beidh an lá scamallach.		
Beidh an lá gaofar.		

Tú Féin

Cén sórt lae a bheidh ann? _____.

Ceacht 2

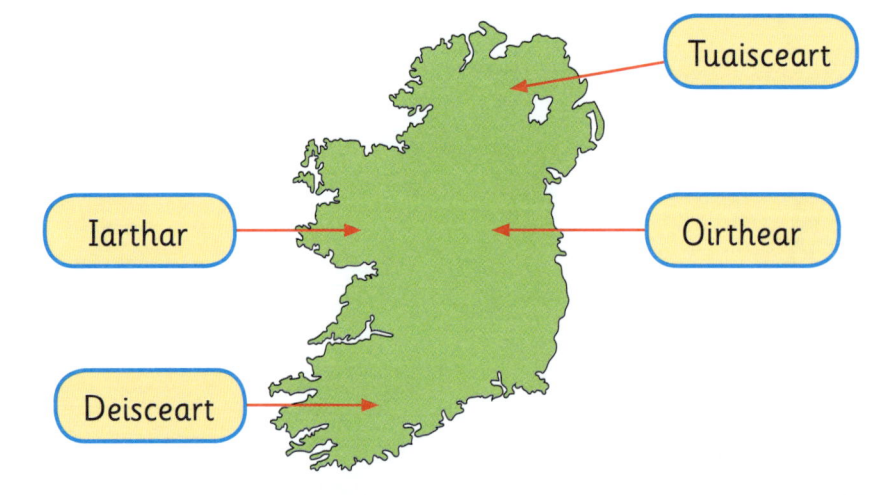

Tuaisceart

Iarthar   Oirthear

Deisceart

Féach agus Abair	Clúdaigh agus Scríobh	Cinntigh ✓
tuaisceart		
deisceart		
iarthar		
oirthear		

An Aimsir

Ceacht 3

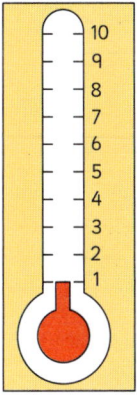

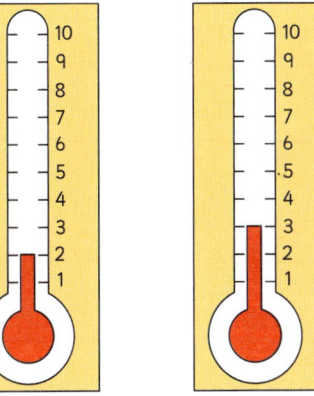

aon chéim | dhá chéim | trí chéim 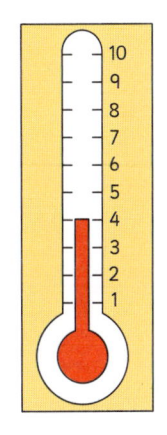 | ceithre chéim 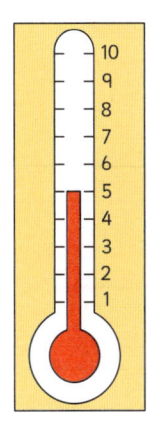 | cúig chéim 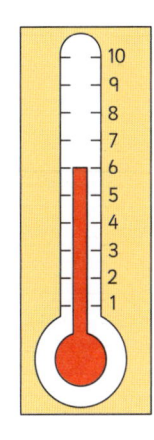 | sé chéim

Féach agus Abair	Clúdaigh agus Scríobh	Cinntigh ✓
aon chéim		
dhá chéim		
trí chéim		
ceithre chéim		
cúig chéim		
sé chéim		

Ceacht 4

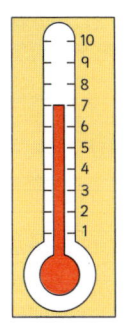

seacht gcéim 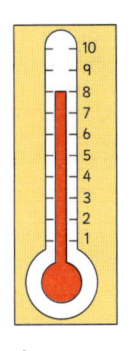 | ocht gcéim 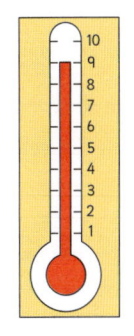 | naoi gcéim 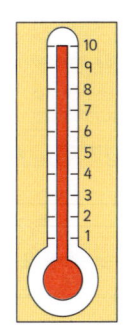 | deich gcéim

Féach agus Abair	Clúdaigh agus Scríobh	Cinntigh ✓
seacht gcéim		
ocht gcéim		
naoi gcéim		
deich gcéim		

Caitheamh Aimsire

Aonad 1 Ceacht 1

sinn — Is maith linn bheith ag marcaíocht.

sibh — Is maith libh bheith ag dornálaíocht.

siad — Is maith leo bheith ag tumadh.

Féach agus Abair	Clúdaigh agus Scríobh	Cinntigh ✓
linn		
libh		
leo		

Bí ag Scríobh

1 **sibh:** Is maith ____ bheith ag rith.
2 **sinn:** Is maith ____ bheith ag léim.
3 **siad:** Is maith ____ bheith ag tumadh.

Aonad 1 Ceacht 2

peil  · cispheil  · eitpheil  · leadóg  · galf  · rugbaí

Féach agus Abair	Clúdaigh agus Scríobh	Cinntigh ✓
peil		
cispheil		
eitpheil		
leadóg		
galf		
rugbaí		

Bí ag Scríobh

1 _ _ _ _ 
2 _ _ _ _ _ _ _ 
3 _ _ _ _ 
4 _ _ _ _ _ _ _

Caitheamh Aimsire

Aonad 1 Ceacht 3

 Is fearr liom bheith ag imirt pe*ile*.	 Is fearr liom bheith ag imirt cisphe*ile*.	 Is fearr liom bheith ag imirt eitphe*ile*.

Féach agus Abair	Clúdaigh agus Scríobh	✓
Is fearr liom		
bheith		
ag imirt pe*ile*		
ag imirt cisphe*ile*		
ag imirt eitphe*ile*		

✏️ Bí ag Scríobh

Cén caitheamh aimsire is fearr leat?

_____
_____
_____

Aonad 1 Ceacht 4

Féach agus Abair	Clúdaigh agus Scríobh	✓
Bha*i*n mé		
Bha*i*n tú		
Bha*i*n sé		
Bha*i*n sí		
Bha*i*n*e*amar		
Bha*i*n sibh		
Bha*i*n siad		

Bhain **Niamh agus Oisín** taitneamh as bheith sa linn snámha.
Bhain **siad** taitneamh as bheith sa linn snámha.

✏️ Bí ag Scríobh

1 **Niamh:** Bhain ___ taitneamh as.
2 **Oisín:** Bhain ___ taitneamh as.
3 **sinn:** Bhain _____ taitneamh as.
4 **Liam agus Samar:** Bhain _____ taitneamh as.
5 **na páistí:** Bhain _____ taitneamh as.

Caitheamh Aimsire

Aonad 2 Ceacht 1

Gach Lá

mé	tú
Seinnim ceol.	Seinneann tú ceol.
sé	**sí**
Seinneann sé ceol.	Seinneann sí ceol.
sinn	**sibh**
Seinnimid ceol.	Seinneann sibh.
siad	
Seinneann siad ceol.	

Féach agus Abair	Clúdaigh agus Scríobh	✓
Seinnim		
Seinneann tú		
Seinneann sé		
Seinneann sí		
Seinnimid		
Seinneann sibh		
Seinneann siad		

Aonad 2 Ceacht 2

Gach Lá

mé	tú
Canaim amhrán.	Canann tú amhrán.
sé	**sí**
Canann sé amhrán.	Canann sí amhrán.
sinn	**sibh**
Canaimid amhrán.	Canann sibh amhrán.
siad	
Canann siad amhrán.	

Féach agus Abair	Clúdaigh agus Scríobh	✓
Canaim		
Canann tú		
Canann sé		
Canann sí		
Canaimid		
Canann sibh		
Canann siad		

Caitheamh Aimsire

Aonad 2 Ceacht 3

An seinneann Samar an giotár leictreach?
Seinneann Samar an giotár leictreach.

An seinneann Samar an chruit?
Ní sheinneann Samar an chruit.

Freagair na Ceisteanna

1 ___ _____ Róisín an veidhlín?
Seinneann Róisín an veidhlín.

2 An seinneann Róisín an pianó?
___ _____ Róisín an pianó.

3 An seinneann Róisín an druma?
___ _____ Róisín an druma.

Féach agus Abair	Clúdaigh agus Scríobh	Cinntigh ✓
An seinneann?		
Seinneann		
Ní sheinneann		

Aonad 2 Ceacht 4

 an druma	 an chruit	 an veidhlín	 an pianó	 an fheadóg stáin	 an bodhrán

Bí ag Scríobh

Féach agus Abair	Clúdaigh agus Scríobh	✓
an druma		
an chruit		
an veidhlín		
an pianó		
an fheadóg stáin		
an bodhrán		

1 __ __ _____ ____

2 __ __ _____

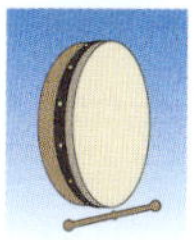

3 __ __ _____

33

Caitheamh Aimsire

Aonad 3 Ceacht 1

Spraoi le Briathra

Inné		
?	✓	✗
An raibh?	Bhí	Ní raibh
An ndeachaigh?	Chuaigh	Ní dheachaigh
An bhfuair?	Fuair	Ní bhfuair

Inné		
?	✓	✗
An raibh?	_____	_____
An ndeachaigh?	_____	_____
An bhfuair?	_____	_____

Bí ag Scríobh

1 An bhfuair Ruairí iasc?
   _____ Ruairí iasc.

2 An bhfuair Ruairí bróg?
   _____ Ruairí bróg.

3 An ndeachaigh Ruairí ag iascaireacht?
   _____ Ruairí ag iascaireacht.

4 An ndeachaigh Oisín ag iascaireacht?
   _____ Oisín ag iascaireacht.

Aonad 3 Ceacht 2

|  ag rothaíocht | 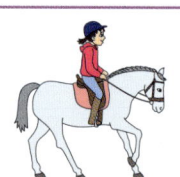 ag marcaíocht |  ag dornálaíocht |

Féach agus Abair	Clúdaigh agus Scríobh	Cinntigh ✓
ag rothaíocht		
ag marcaíocht		
ag dornálaíocht		

Bí ag Scríobh

1 __ _____   2 __ _____   3 __ _____

Caitheamh Aimsire

Aonad 3 Ceacht 3

Inné h eamar amar	Gach Lá imid aimid
Chuir mé	Cuirim
Chuir tú	Cuireann tú
Chuir sé	Cuireann sé
Chuir sí	Cuireann sí
Chuireamar	Cuirimid
Chuir sibh	Cuireann sibh
Chuir siad	Cuireann siad

Inné h eamar amar	Gach Lá imid aimid
Chuir mé	Cuirim

Aonad 3 Ceacht 4

tine	rince	uisce	oráiste
éan	téad	réalta	ospidéal

Féach agus Abair	Clúdaigh agus Scríobh	Cinntigh ✓
tine		
rince		
uisce		
oráiste		
éan		
téad		
réalta		
ospidéal		

An tEarrach

Ceacht 1

| an t-earrach | an samhradh |
| an fómhar | an geimhreadh |

Féach agus Abair	Clúdaigh agus Scríobh	✓
an t-earrach		
an samhradh		
an fómhar		
an geimhreadh		

Bí ag Scríobh

1. 
2. 
3. 
4.

Ceacht 2

Amárach

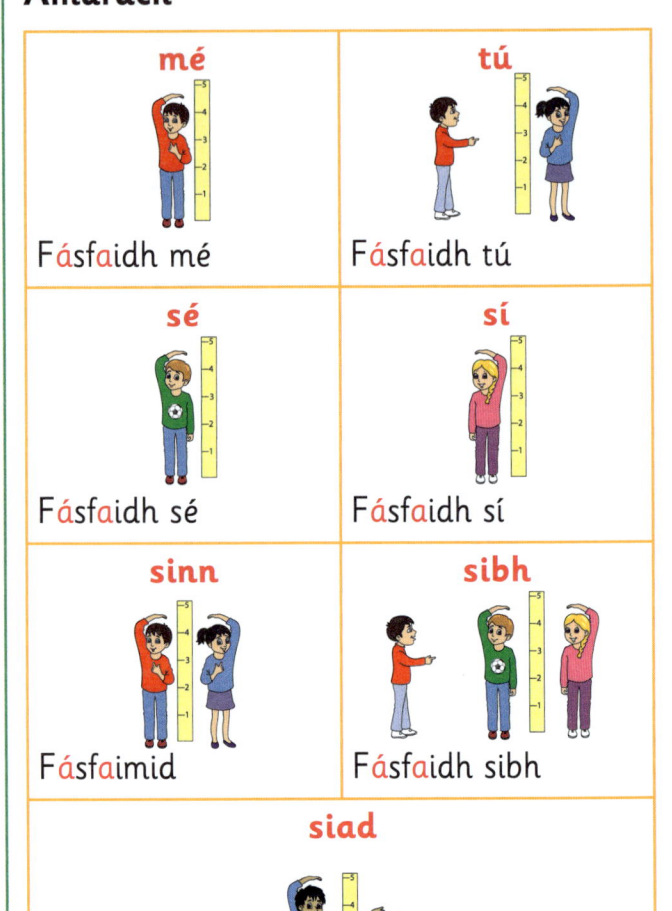

mé	tú
Fásfaidh mé	Fásfaidh tú
sé	sí
Fásfaidh sé	Fásfaidh sí
sinn	sibh
Fásfaimid	Fásfaidh sibh
siad	
Fásfaidh siad	

Féach agus Abair	Clúdaigh agus Scríobh	✓
Fásfaidh mé		
Fásfaidh tú		
Fásfaidh sé		
Fásfaidh sí		
Fásfaimid		
Fásfaidh sibh		
Fásfaidh siad		

An tEarrach

Ceacht 3 — Amárach

mé — Cuirfidh mé síolta sa chré.
tú — Cuirfidh tú síolta sa chré.
sé — Cuirfidh sé síolta sa chré.
sí — Cuirfidh sí síolta sa chré.
sinn — Cuirfimid síolta sa chré.
sibh — Cuirfidh sibh síolta sa chré.
siad — Cuirfidh siad síolta sa chré.

Féach agus Abair	Clúdaigh agus Scríobh	✓
Cuirfidh mé		
Cuirfidh tú		
Cuirfidh sé		
Cuirfidh sí		
Cuirfimid		
Cuirfidh sibh		
Cuirfidh siad		

Ceacht 4 — Amárach

mé — Canfaidh mé
tú — Canfaidh tú
sé — Canfaidh sé
sí — Canfaidh sí
sinn — Canfaimid
sibh — Canfaidh sibh
siad — Canfaidh siad

Féach agus Abair	Clúdaigh agus Scríobh	✓
Canfaidh mé		
Canfaidh tú		
Canfaidh sé		
Canfaidh sí		
Canfaimid		
Canfaidh sibh		
Canfaidh siad		

Éadaí

Aonad 1 Ceacht 1

An bhfeiceann tú lámhainní?

Feicim lámhainní.

An bhfeiceann tú geansaí?

Ní fheicim geansaí.

Féach agus Abair	Clúdaigh agus Scríobh	✓
An bhfeiceann tú?		
Feicim		
Ní fheicim		

Spraoi le Briathra

Gach Lá		
?	✓	✗
An bhfeiceann tú?		

Aonad 1 Ceacht 2

sinn

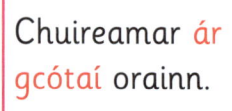

Chuireamar ár gcótaí orainn.

sibh

Chuir sibh bhur gcótaí oraibh.

siad

Chuir siad a gcótaí orthu.

Féach agus Abair	Clúdaigh agus Scríobh	Cinntigh ✓
ár gcótaí		
bhur gcótaí		
a gcótaí		

Bí ag Scríobh

1 Chuireamar __ ____ orainn.

2 Chuir sibh ___ _____ oraibh.

3 Chuir siad __ ____ orthu.

4 Chuir na cailíní __ _____ orthu.

5 Chuir na buachaillí __ _____ orthu.

Éadaí

Aonad 1 Ceacht 3

Grúpa a hAon		
Inné **a**mar **e**amar	Gach Lá **a**imid **i**mid	Amárach f**a**imid f**i**mid
Chuir mé	Cuirim	Cuirfidh mé
Chuir tú	Cuireann tú	Cuirfidh tú
Chuir sé	Cuireann sé	Cuirfidh sé
Chuir sí	Cuireann sí	Cuirfidh sí
Chuireamar	Cuirimid	Cuirfimid
Chuir sibh	Cuireann sibh	Cuirfidh sibh
Chuir siad	Cuireann siad	Cuirfidh siad

Grúpa a hAon		
Inné **a**mar **e**amar	Gach Lá **a**imid **i**mid	Amárach f**a**imid f**i**mid
Chuir mé	Cuirim	Cuirfidh mé
_____	Cuireann tú	_____
_____	_____	_____
_____	_____	_____
_____	_____	_____
_____	_____	_____
_____	_____	_____

Aonad 1 Ceacht 4

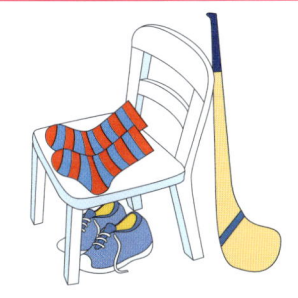

Tá na stocaí ar an gcathaoir.
Tá na bróga faoin gcathaoir.
Tá an camán in aice leis an gcathaoir.

Tá an clog ar an gcófra.
Tá an carbhat faoin gcófra.
Tá an geansaí in aice leis an gcófra.

✏️ Bí ag Scríobh

1. Tá an clog *ar an gcófra* .
2. Tá na stocaí _____ .
3. Tá an camán _____ .
4. Tá an carbhat _____ .
5. Tá na bróga _____ .
6. Tá an geansaí _____ .

Féach agus Abair	Clúdaigh agus Scríobh	✓
ar an gcathaoir		
faoin gcathaoir		
in aice leis an gcathaoir		
ar an gcófra		
faoin gcófra		
in aice leis an gcófra		

Éadaí

Aonad 2 Ceacht 1

Spraoi le Briathra

Inné	Gach Lá	im / aim
Chuir mé	Cuirim	
Bhain mé	Bainim	
Rith mé	Rithim	
D'ith mé	Ithim	
Ghlan mé	Glanaim	
Chan mé	Canaim	

Inné	Gach Lá	im / aim
Chuir mé	_____	
Bhain mé	_____	
Rith mé	_____	
D'ith mé	_____	
Ghlan mé	_____	
Chan mé	_____	

Suimeanna Focal

Gach Lá
aim
im

1 Cuir + __ = _____

2 Bain + __ = _____

3 Rith + __ = _____

4 Ith + __ = _____

5 Glan + ___ = _____

6 Can + ___ = _____

Aonad 2 Ceacht 2

Spraoi le Briathra

Grúpa a hAon

Inné amar eamar	Gach Lá aimid imid	Amárach faimid fimid
Bhain mé	Bainim	Bainfidh mé
Bhain tú	Baineann tú	Bainfidh tú
Bhain sé	Baineann sé	Bainfidh sé
Bhain sí	Baineann sí	Bainfidh sí
Bhaineamar	Bainimid	Bainfimid
Bhain sibh	Baineann sibh	Bainfidh sibh
Bhain siad	Baineann siad	Bainfidh siad

Grúpa a hAon

Inné amar eamar	Gach Lá aimid imid	Amárach faimid fimid
Bhain mé	Bainim	Bainfidh mé
_____	Baineann tú	_____
_____	_____	_____
_____	_____	_____
_____	_____	_____
_____	_____	_____
_____	_____	_____

Éadaí

Aonad 2 Ceacht 3

sinn — Bhaineamar ár gcótaí dínn.

sibh — Bhain sibh bhur gcótaí díbh.

siad — Bhain siad a gcótaí díobh.

Féach agus Abair	Clúdaigh agus Scríobh	Cinntigh ✓
Bhaineamar ár gcótaí dínn.		
Bhain sibh bhur gcótaí díbh.		
Bhain siad a gcótaí díobh.		

Aonad 2 Ceacht 4

Thug sí cuireadh do Niamh.

Tháinig a cairde.

Thosaigh siad ag imirt cluichí.

Thaitin an chóisir go mór leo.

Féach agus Abair	Clúdaigh agus Scríobh	Cinntigh ✓
Thug		
Tháinig		
Thaitin		
Thosaigh		

Sa Bhaile

Aonad 1 Ceacht 1

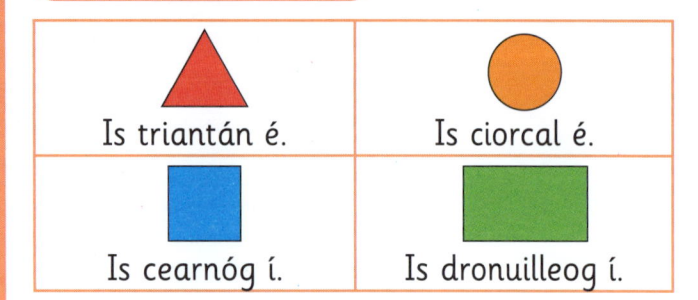

Is triantán é.	Is ciorcal é.
Is cearnóg í.	Is dronuilleog í.

Suimeanna Focal

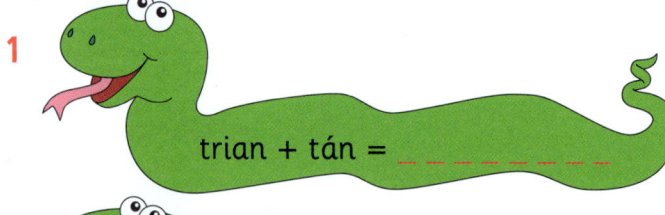

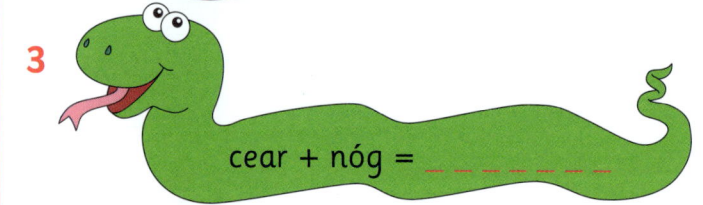

1 trian + tán = _ _ _ _ _ _ _

2 cior + cal = _ _ _ _ _ _

3 cear + nóg = _ _ _ _ _ _ _

4 dron + uill + eog = _ _ _ _ _ _ _ _ _

Féach agus Abair	Clúdaigh agus Scríobh	✓
triantán		
ciorcal		
cearnóg		
dronuilleog		

Aonad 1 Ceacht 2

sráid	**cosán**
Tá carr ar an **t**sráid.	Tá rothar ar an **g**cosán.
balla	**geata**
Tá cat ar an **m**balla.	Tá éan ar an **n**geata.
bóthar	**carr**
Tá bus ar an **m**bóthar.	Tá dath dearg ar an **g**carr.

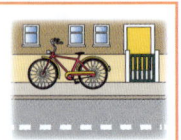

Scríobh na hAbairtí

1 Tá dath dearg ar an _carr.
2 Tá carr ar an _sráid.
3 Tá cat ar an _balla.
4 Tá rothar ar an _cosán.
5 Tá bus ar an _bóthar.
6 Tá éan ar an _geata.

Bí ag Scríobh

1 Is _____ í.   2 Is _____ í.

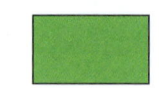

3 Is _____ é.   4 Is _____ é.

Sa Bhaile

Aonad 1 Ceacht 3

Spraoi le Briathra

Inné	Gach Lá	Amárach
Stop mé	Stopaim	Stopfaidh mé
D'fhan mé	Fanaim	Fanfaidh mé
D'fhéach mé	Féachaim	Féachfaidh mé
Shiúil mé	Siúlaim	Siúlfaidh mé

Inné	Gach Lá	Amárach
Stop mé	_____	_____
D'fhan mé	_____	_____
D'fhéach mé	_____	_____
Shiúil mé	_____	_____

Aonad 1 Ceacht 4

mé — Chaith sé an liathróid **chugam**.

tú — Chaith sé an liathróid **chugat**.

sé — Chaith sé an liathróid **chuige**.

sí — Chaith sé an liathróid **chuici**.

Féach agus Abair	Clúdaigh agus Scríobh	Cinntigh ✓
chugam		
chugat		
chuige		
chuici		

Scríobh na hAbairtí

1 **tú:** Chaith sé an liathróid _____.

2 **mé:** Chaith sé an liathróid _____.

3 **sé:** Chaith sé an liathróid _____.

4 **sí:** Chaith sé an liathróid _____.

Sa Bhaile

Aonad 2 Ceacht 1

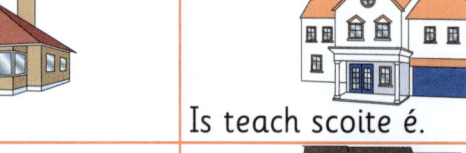

 Is bungaló é.	Is teach scoite é.	 Is teach leathscoite é.
 Is árasán é.	 Is teach dhá stór é.	 Is teach solais é.

Féach agus Abair	Clúdaigh agus Scríobh	✓
bungaló		
árasán		
teach scoite		
teach leathscoite		
teach dhá stór		
teach solais		

Bí ag Scríobh

1 _ _ _ _ _

2 _ _ _ _ _
  _ _ _ _ _ _ _ _ _

3 _ _ _ _ _
  _ _ _ _ _

Aonad 2 Ceacht 2

 Táimid inár gcónaí i Lú.	 Tá sibh in bhur gcónaí i Mí.	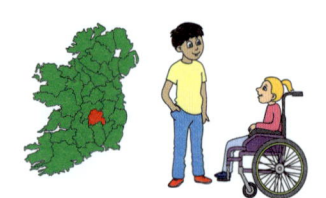 Tá siad ina gcónaí i Laois.

Féach agus Abair	Clúdaigh agus Scríobh	Cinntigh ✓
Táimid inár gcónaí i Lú.	Táimid ___ _____ i Lú.	
Tá sibh in bhur gcónaí i Mí.	Tá sibh in _____ _____ i Mí.	
Tá siad ina gcónaí i Laois.	Tá siad ___ _____ i Laois.	

Sa Bhaile

Aonad 2 Ceacht 3

| 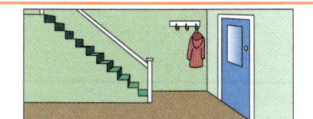 halla |  cistin | 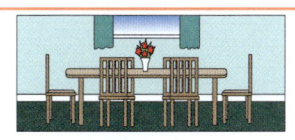 seomra bia |
|  seomra suí |  seomra codlata |  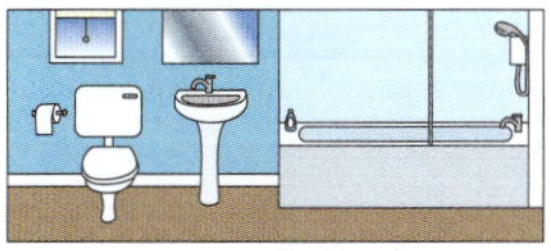 seomra folctha |

Féach agus Abair	Clúdaigh agus Scríobh	✓
halla		
cistin		
seomra bia		
seomra suí		
seomra codlata		
seomra folctha		

Bí ag Scríobh

1 _____

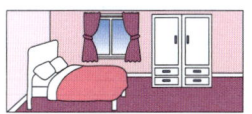

2 _____

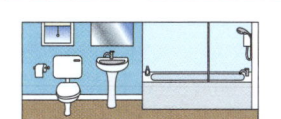

Aonad 2 Ceacht 4

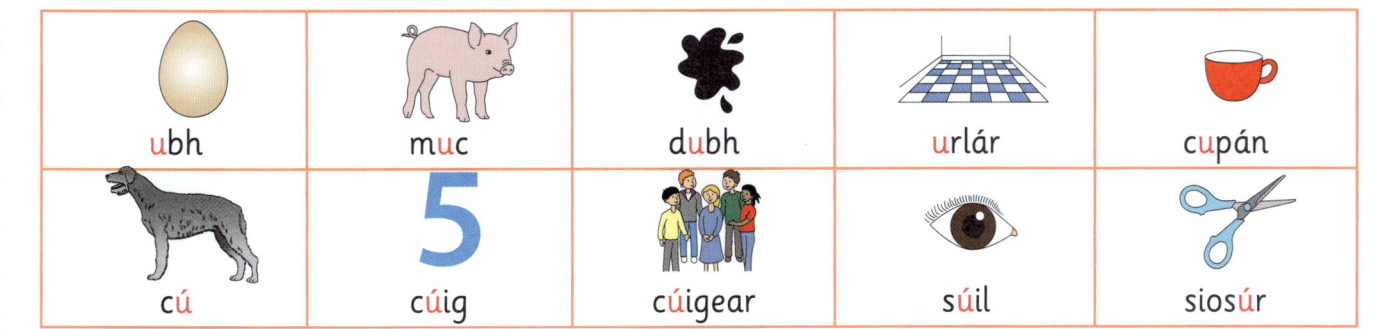

| ubh | muc | dubh | urlár | cupán |
| cú | cúig | cúigear | súil | siosúr |

Bí ag Scríobh

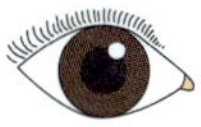

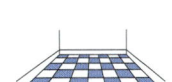

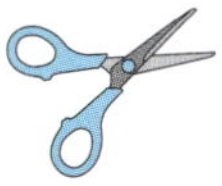

45

Sa Bhaile

Aonad 3 Ceacht 1

roth	rothar	gluaisrothar
barra rotha	ag rothaíocht	Rothaigh mé

Féach agus Abair	Clúdaigh agus Scríobh	✓
roth		
rothar		
gluaisrothar		
barra rotha		
ag rothaíocht		
Rothaigh mé		

Tóirfhocal – Faigh na Focail

a	h	a	g	r	o	h	í	r	g	s	b	b
h	t	í	c	h	t	r	b	o	l	i	a	r
t	o	h	í	o	a	t	a	t	h	a	r	a
a	r	r	r	h	s	r	g	h	o	u	r	t
r	a	h	t	o	r	s	i	a	u	l	g	h
i	s	o	l	a	f	a	o	i	t	g	r	p
a	r	s	b	t	l	g	r	g	t	h	o	p
b	a	r	r	a	r	o	t	h	a	a	p	h
t	h	c	o	í	a	h	t	o	r	g	a	l

roth   rothar   gluaisrothar
barra rotha   rothaigh   ag rothaíocht

Aonad 3 Ceacht 2

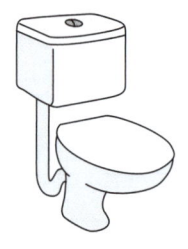

leithreas    scáthán 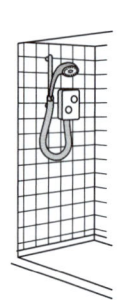   cithfholcadh    seomra folctha    guthán

Féach agus Abair	Clúdaigh agus Scríobh	Cinntigh ✓
leithreas		
scáthán		
guthán		
cithfholcadh		
seomra folctha		

Sa Bhaile

Aonad 3 Ceacht 3

Spraoi le Briathra

Inné		
An?	✓	Ní
An bhfaca sí?	Chonaic sí	Ní fhaca sí
An ndearna sí?	Rinne sí	Ní dhearna sí
An ndúirt sí?	Dúirt sí	Ní dúirt sí

Inné		
An?	✓	Ní
___ _____ sí?	Chonaic sí	___ _____ sí?
___ _____ sí?	Rinne sí	___ _____ sí?
___ _____ sí?	Dúirt sí	___ _____ sí?

Aonad 3 Ceacht 4

mé — Bhí mé ag léim.
tú — Bhí tú ag léim.
sé — Bhí sé ag léim.
sí — Bhí sí ag léim.
sinn — Bhíomar ag léim.
sibh — Bhí sibh ag léim.
siad — Bhí siad ag léim.

Féach agus Abair	Clúdaigh agus Scríobh	Cinntigh ✓
Bhí mé		
Bhí tú		
Bhí sé		
Bhí sí		
Bhíomar		
Bhí sibh		
Bhí siad		

An Teilifís

Aonad 1 Ceacht 1

 Tá cianrialtán ar an mbord.	 Tá liathróid faoin mbord.	 Tá cúisín in aice leis an mbord.	Tá Niamh ag an mbord.

Féach agus Abair	Clúdaigh agus Scríobh	Cinntigh ✓
ar an mbord		
faoin mbord		
in aice leis an mbord		
ag an mbord		

Bí ag Scríobh

1 Cá bhfuil Niamh?
_____

2 Cá bhfuil an cúisín?
_____

3 Cá bhfuil an liathróid?
_____

4 Cá bhfuil an cianrialtán?
_____

Aonad 1 Ceacht 2

Grúpa a Dó

Ordú	Inné D'	Gach Lá íonn aíonn	Amárach óidh eoidh
Ardaigh	D'ardaigh sé	Ardaíonn sé	Ardóidh sé
Ísligh	D'ísligh sé	Islíonn sé	Ísleoidh sé
Athraigh	D'athraigh sé	Athraíonn sé	Athróidh sé

Ordú	Inné D'	Gach Lá íonn aíonn	Amárach óidh eoidh
Ardaigh	D'ardaigh sé	_____	_____
Ísligh	_____	_____	_____
Athraigh	_____	_____	_____

An Teilifís

Aonad 1 Ceacht 3

im	**20** fiche	tine	ag rince
——— líne	oíche	**30** tríocha	**3ú** tríú

Féach agus Abair	Clúdaigh agus Scríobh	✓
im		
fiche		
tine		
ag rince		
líne		
oíche		
tríocha		
tríú		

Cuir na focail thuas sa bhosca ceart

Guta Gearr i	Guta Fada í

im   tríocha   oíche   tine
tríú   líne   ag rince   fiche

Aonad 1 Ceacht 4

An maith leat clár dúlra?
Is maith liom clár dúlra.

An maith leat an nuacht?
Ní maith liom an nuacht.

Cén clár is fearr leat?
Is fearr liom clár spóirt.

Féach agus Abair	Clúdaigh agus Scríobh	Cinntigh ✓
An maith leat?		
Is maith liom		
Ní maith liom		
Cén clár is fearr leat?		
Is fearr liom		

An Teilifís

Aonad 2 Ceacht 1

An bhféachann Ruairí ar an teilifís?
Féachann Ruairí ar an teilifís.

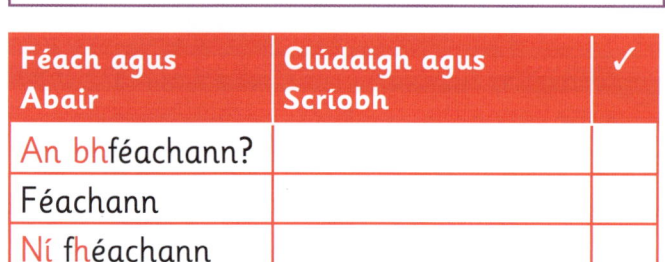

An bhféachann Oisín ar an teilifís?
Ní fhéachann Oisín ar an teilifís.

Féach agus Abair	Clúdaigh agus Scríobh	✓
An bhféachann?		
Féachann		
Ní fhéachann		

Gach Lá

An?	✓	Ní ✗
An bhféachann?		

Aonad 2 Ceacht 2

An bhfágann Niamh an teach?
Fágann Niamh an teach.

An bhfágann Róisín an teach?
Ní fhágann Róisín an teach.

An bhfanann Róisín sa bhaile?
Fanann Róisín sa bhaile.

An bhfanann Niamh sa bhaile?
Ní fhanann Niamh sa bhaile.

Féach agus Abair	Clúdaigh agus Scríobh	✓
An bhfágann?		
Fágann		
Ní fhágann		
An bhfanann?		
Fanann		
Ní fhanann		

Spraoi le Briathra

Gach Lá

An?	✓	Ní ✗
An bhfanann?		
An bhfágann?		

Aonad 2 Ceacht 3

mé	tú	sé	sí
Lig mé scread asam.	Lig tú scread asat.	Lig sé scread as.	Lig sí scread aisti.

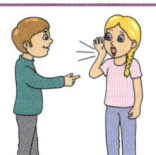

Féach agus Abair	Clúdaigh agus Scríobh	Cinntigh ✓
Lig mé scread asam.		
Lig tú scread asat.		
Lig sé scread as.		
Lig sí scread aisti.		

Aonad 2 Ceacht 4

Grúpa a hAon

Inné amar eamar	Gach Lá aimid imid	Amárach faimid fimid
D'fhéach mé	Féachaim	Féachfaidh mé
D'fhéach tú	Féachann tú	Féachfaidh tú
D'fhéach sé	Féachann sé	Féachfaidh sé
D'fhéach sí	Féachann sí	Féachfaidh sí
D'fhéachamar	Féachaimid	Féachfaimid
D'fhéach sibh	Féachann sibh	Féachfaidh sibh
D'fhéach siad	Féachann siad	Féachfaidh siad

Inné amar eamar	Gach Lá aimid imid	Amárach faimid fimid
D'fhéach mé	Féachaim	Féachfaidh mé
	Féachann tú	

An Teilifís

Siopadóireacht

Aonad 1 Ceacht 1

€22	€33	€44	€55
dhá euro is fiche	trí euro is tríocha	ceithre euro is daichead	cúig euro is caoga

Féach agus Abair	Clúdaigh agus Scríobh	Cinntigh ✓
dhá euro is fiche		
trí euro is tríocha		
ceithre euro is daichead		
cúig euro is caoga		

Bí ag Scríobh — Cé mhéad?

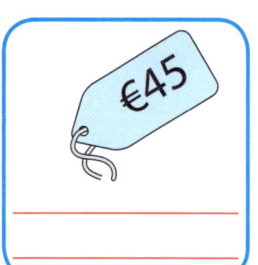

€23   €32   €45   €24   €53

Aonad 1 Ceacht 2

 Cheannaigh Oisín clogad inné.	 Ceannaíonn Niamh camán gach lá.	 Ceannóidh Liam sliotar amárach.

Suimeanna Focal

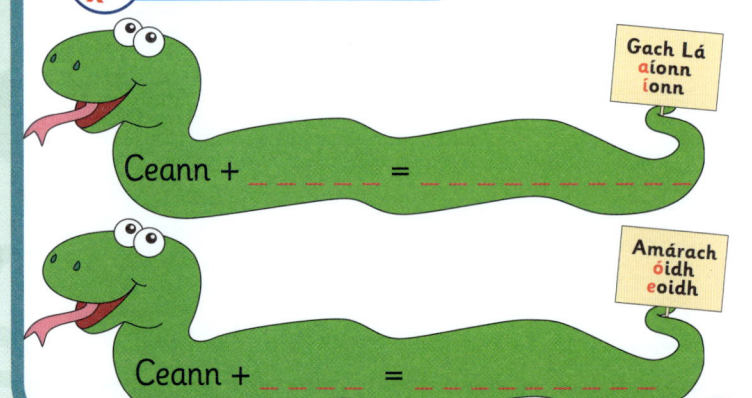

Gach Lá
aíonn
íonn

Ceann + _____ = _____

Amárach
óidh
eoidh

Ceann + _____ = _____

Grúpa a Dó		
Inné h	Gach Lá aíonn íonn	Amárach óidh eoidh
Cheannaigh	_____	_____

Siopadóireacht

Aonad 1 Ceacht 3

Spraoi le Briathra

Gach Lá		
An + urú	✓	**Ní + séimhiú [h]**
An gceannaíonn?	Ceannaíonn	Ní cheannaíonn?

1. An gceannaíonn Niamh scátaí nua?
   _____ Niamh scátaí nua.
2. An gceannaíonn Oisín scátaí nua?
   ___ _____ Oisín scátaí nua.

Ceannaíonn Niamh scátaí nua gach lá.

Gach Lá		
An? + urú	✓	**Ní + séimhiú [h]**
An gceannaíonn?	_____	_____

Aonad 1 Ceacht 4

€66 — sé euro is seasca
€77 — seacht euro is seachtó
€88 — ocht euro is ochtó
€99 — naoi euro is nócha

Féach agus Abair	Clúdaigh agus Scríobh	Cinntigh ✓
sé euro is seasca		
seacht euro is seachtó		
ocht euro is ochtó		
naoi euro is nócha		

Bí ag Scríobh — Cé mhéad?

1. €67
2. €76
3. €87
4. €99
5. €98

Siopadóireacht

Aonad 2 Ceacht 1

Tá Oisín ag dul síos an staighre.

Tá Niamh thíos staighre.

Tá Ciara ag teacht aníos an staighre.

Féach agus Abair	Clúdaigh agus Scríobh	Cinntigh ✓
síos		
thíos		
aníos		

Scríobh na hAbairtí

1 Tá Oisín ag dul _____ an staighre.
2 Tá Niamh _____ staighre.
3 Tá Ciara ag teacht _____ an staighre.

Aonad 2 Ceacht 2

sinn
Tá bosca ceoil uainn.

sibh
Tá cruit uaibh.

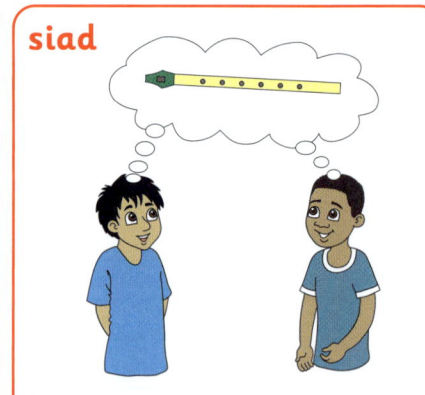

siad
Tá feadóg stáin uathu.

Féach agus Abair	Clúdaigh agus Scríobh	Cinntigh ✓
uainn		
uaibh		
uathu		

Líon na

1 sibh: Tá giotár _____.
2 sinn: Tá druma _____.
3 siad: Tá bainseó _____.
4 na páistí: Tá fidil _____.

Siopadóireacht

Aonad 2 Ceacht 3

Téigh ar dheis.	Téigh ar chlé.	Téigh díreach ar aghaidh.
Tóg an chéad chasadh ar dheis.	Tóg an dara casadh ar chlé.	

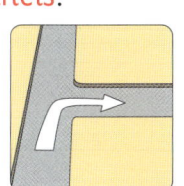

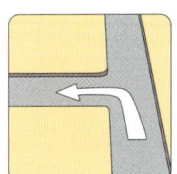

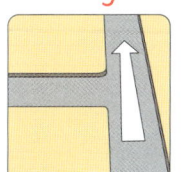

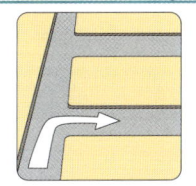

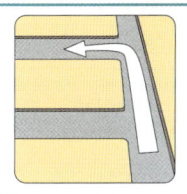

Féach agus Abair	Clúdaigh agus Scríobh	✓
ar dheis		
ar chlé		
díreach ar aghaidh		
an chéad chasadh		
an dara casadh		

Bí ag Scríobh

1 Téigh _____.

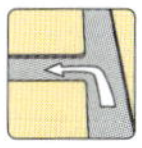

2 Téigh _____.

3 Téigh _____.

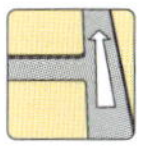

4 An _____.

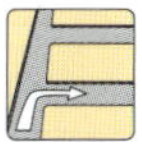

5 An _____.

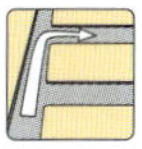

Aonad 2 Ceacht 4

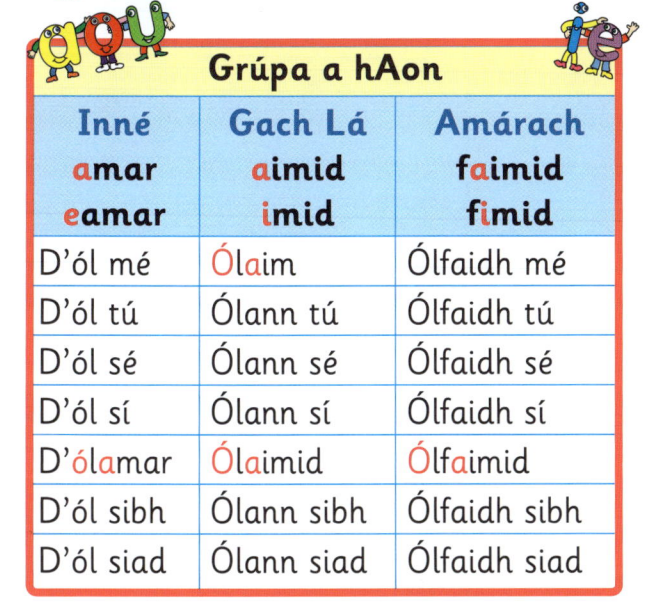

Spraoi le Briathra

Grúpa a hAon

Inné amar eamar	Gach Lá aimid imid	Amárach faimid fimid
D'ól mé	Ólaim	Ólfaidh mé
D'ól tú	Ólann tú	Ólfaidh tú
D'ól sé	Ólann sé	Ólfaidh sé
D'ól sí	Ólann sí	Ólfaidh sí
D'ólamar	Ólaimid	Ólfaimid
D'ól sibh	Ólann sibh	Ólfaidh sibh
D'ól siad	Ólann siad	Ólfaidh siad

Grúpa a hAon

Inné amar eamar	Gach Lá aimid imid	Amárach faimid fimid
D'ól mé	Ólaim	Ólfaidh mé
_____	Ólann tú	_____
_____	_____	_____
_____	_____	_____
_____	_____	_____
_____	_____	_____
_____	_____	_____

Lá 'le Pádraig

Ceacht 1

Tarraingíonn Niamh cruit.

Tarraingíonn Oisín seamróg.

Gach Lá

An + Urú	✓	Ní + séimhiú [h]
An dtarraingíonn	Tarraingíonn	Ní tharraingíonn

Gach Lá

An + Urú	✓	Ní + séimhiú [h]
An dtarraingíonn	_____	_____

Freagair na Ceisteanna

1 An dtarraingíonn Niamh cruit?
   _____

2 An dtarraingíonn Oisín cruit?
   _____

Ceacht 2

Bhí eagla air.

Bhí uaigneas air.

Bhí ocras air.

Bhí tart air.

Bhí brón air.

Bhí gliondar croí air.

Féach agus Abair	Clúdaigh agus Scríobh	Cinntigh ✓
Bhí eagla air.		
Bhí uaigneas air.		
Bhí ocras air.		
Bhí tart air.		
Bhí brón air.		
Bhí gliondar croí air.		

An Cháisc

Ceacht 1

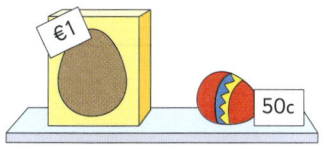

Tá an chéad cheann saor.
Tá an dara ceann níos saoire.

Tá an chéad cheann daor.
Tá an dara ceann níos daoire.

Féach agus Abair	Clúdaigh agus Scríobh	Cinntigh ✓
daor		
níos daoire		
saor		
níos saoire		

Bí ag Scríobh

| saor | níos _____ |
| daor | níos _____ |

Ceacht 2

an lon dubh — an fiach dubh — an préachán
an spideog — an dreoilín — an smólach

Féach agus Abair	Clúdaigh agus Scríobh	Cinntigh ✓
an lon dubh		
an fiach dubh		
an préachán		
an spideog		
an dreoilín		
an smólach		

Bí ag Scríobh

1 _____
2 _____ 
3 _____
4 _____

An Samhradh

Ceacht 1

Bhí Daidí ag crú na gréine.

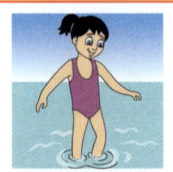

Bhí Niamh ag lapadáil san uisce.

Bhí Samar ag imirt leadóige.

Bhí Oisín ag iascaireacht.

Féach agus Abair	Clúdaigh agus Scríobh	✓
ag crú na gréine		
ag lapadáil		
ag imirt leadóige		
ag iascaireacht		

Bí ag Scríobh

1 ag _ _ _   _ _   _ _ _ _ _ _

2 ag _ _ _ _ _ _ _ _

3 ag _ _ _ _ _ _ _ _ _ _ _

4 ag _ _ _ _ _   _ _ _ _ _ _ _ _

Ceacht 2

Féach agus Abair

 bó agus lao	 capall agus searrach	 muc agus banbh
 caora agus uan	 madra agus coileán	 cat agus puisín

Clúdaigh agus Scríobh

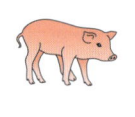

An Samhradh

Ceacht 3

Lá breá gréine a bhí ann.

Bhí an ghrian ag spalpadh anuas.

Bhí an feirmeoir ag obair go dian.

Bhí sé ag baint an fhéir.

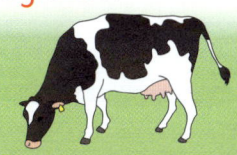

Bhí an bhó ag iníor.

Rith an capall timpeall na páirce.

Féach agus Abair	Clúdaigh agus Scríobh	Cinntigh ✓
Lá breá gréine		
ag spalpadh anuas		
ag obair go dian		
ag baint an fhéir		
ag iníor		
timpeall na páirce		

Ceacht 4

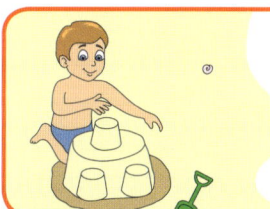

Thóg sé caisleán inné.

Grúpa a hAon

Inné amar eamar	Gach Lá aimid imid	Amárach faimid fimid
Thóg mé	Tógaim	Tógfaidh mé
Thóg tú	Tógann tú	Tógfaidh tú
Thóg sé	Tógann sé	Tógfaidh sé
Thóg sí	Tógann sí	Tógfaidh sí
Thógamar	Tógaimid	Tógfaimid
Thóg sibh	Tógann sibh	Tógfaidh sibh
Thóg siad	Tógann siad	Tógfaidh siad

Grúpa a hAon

Inné amar eamar	Gach Lá aimid imid	Amárach faimid fimid
Thóg mé	Tógaim	Tógfaidh mé
	Tógann tú	

Dul Siar

Bí ag Scríobh

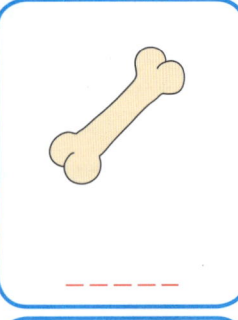

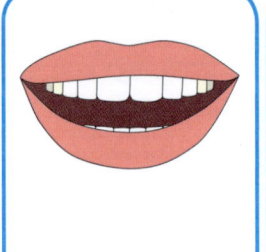

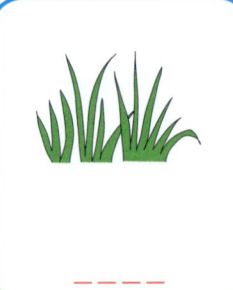

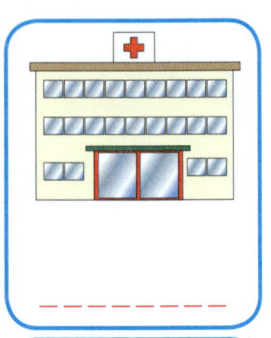

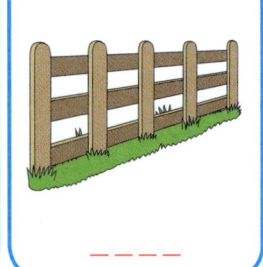

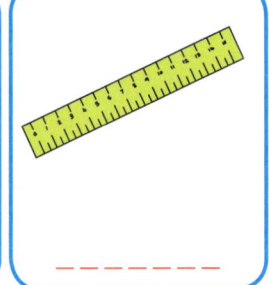

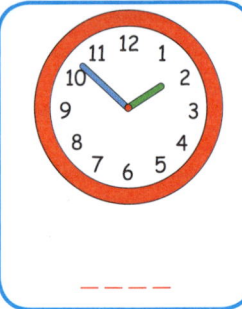

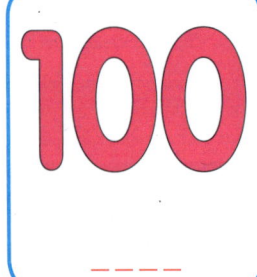

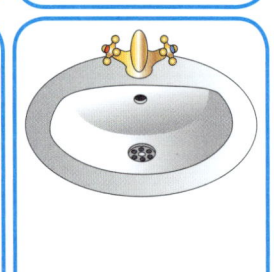

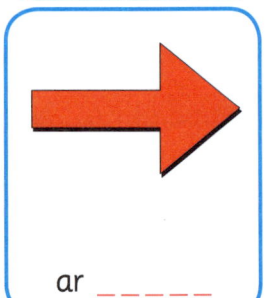

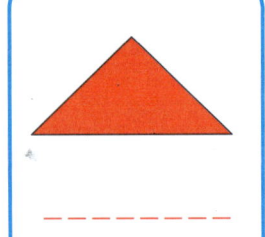

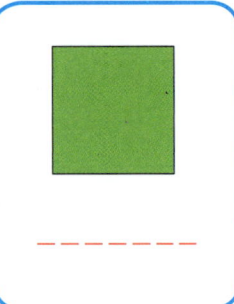

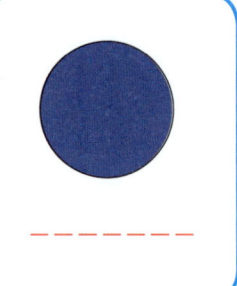

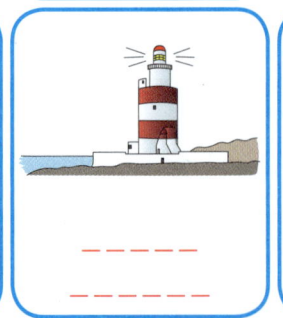

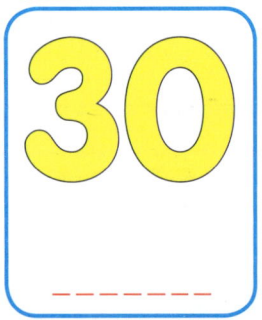